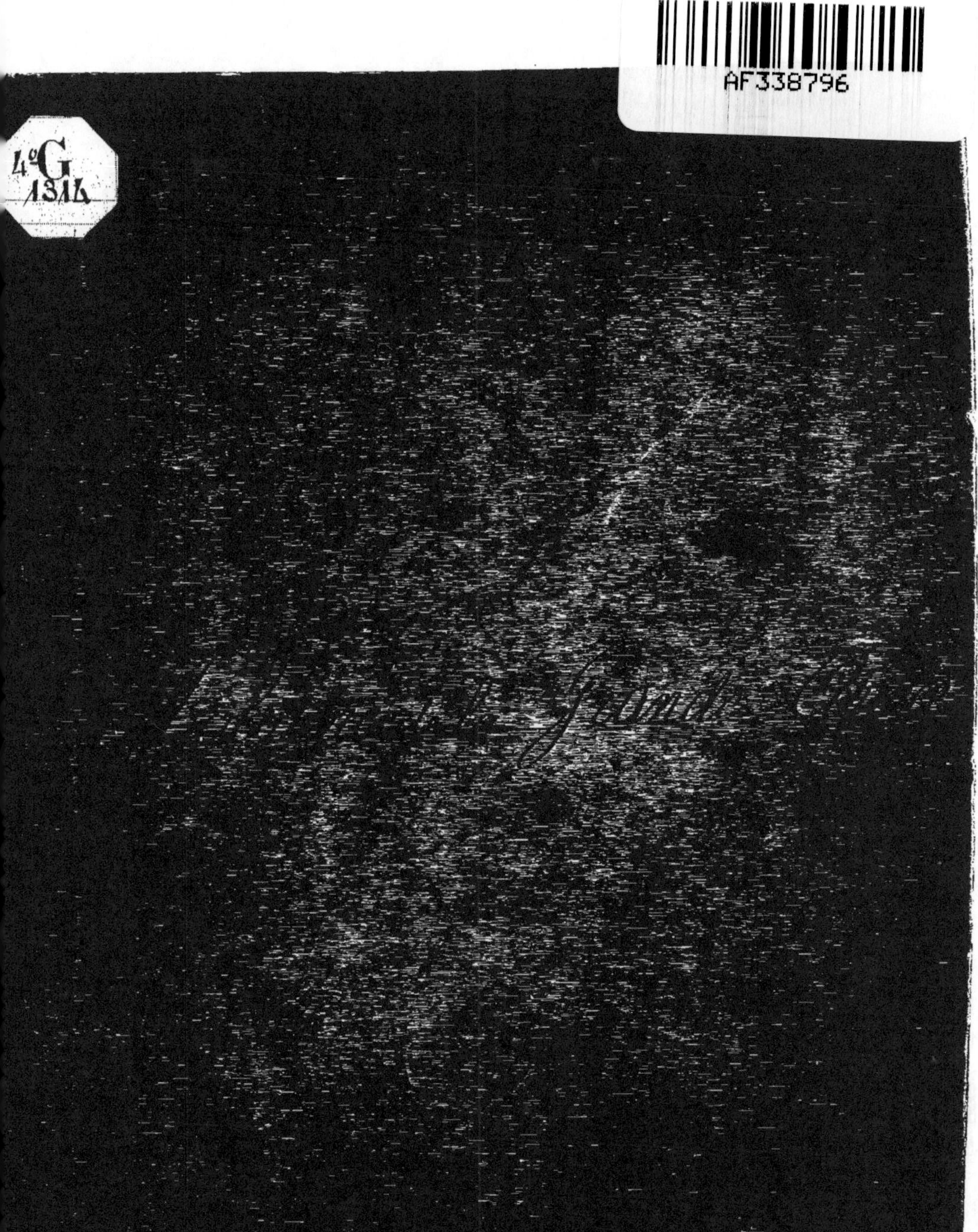

IMAGES·HISTORIQUES

L. DE LANZAC DE LABORIE

LA·COLONNE
DE
LA·GRANDE-ARMÉE
« COLONNE·VENDÔME »

H. LAURENS
ÉDITEUR·PARIS

LA COLONNE

DE

LA GRANDE-ARMÉE

« COLONNE VENDÔME »

IMAGES HISTORIQUES

Parus :

La Marseillaise et Le Chant du Départ.

Un Sacre a Reims : Le Sacre de Louis XV.

La Colonne de la Grande-Armée.

Reims avant la Guerre.

En préparation :

Soissons avant la Guerre.

Reims pendant et après la Guerre.

Soissons pendant et après la Guerre.

IMPRIMERIE CH. HÉRISSEY
ÉVREUX

IMAGES HISTORIQUES

LA COLONNE

DE

LA GRANDE-ARMÉE

« COLONNE VENDÔME »

PAR

L. DE LANZAC DE LABORIE

CENT QUARANTE-CINQ ILLUSTRATIONS

PARIS

HENRI LAURENS, ÉDITEUR

6, Rue de Tournon, 6

Tous droits de traduction et de reproduction réservés pour tous pays.
Copyright by Henri Laurens, 1915.

Médaille commémorative.

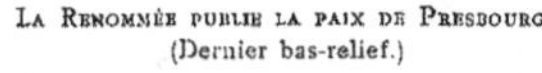

La Renommée publie la paix de Presbourg.
(Dernier bas-relief.)

Médaille commémorative.

LA COLONNE

DE

LA GRANDE-ARMÉE

« COLONNE VENDÔME »

Texte de L. DE LANZAC DE LABORIE.

Au centre de la place Vendôme, dite alors place *des Conquêtes* ou place *Louis-le-Grand*, on avait érigé vers la fin du XVIIe siècle, sur un piédestal colossal, une statue équestre de Louis XIV, en bronze, par Girardon. Comme les autres effigies royales, cette statue fut renversée et détruite après le Dix-Août : le piédestal demeura vide jusqu'en 1800.

Il disparut aux approches de l'anniversaire du 14 juillet, que le gouvernement consulaire célébrait pour la première fois. Ce jour-là, le préfet de la Seine posa solennellement la première pierre d'une colonne *départementale*, destinée à honorer la mémoire des défenseurs de la patrie.

A Paris, comme dans presque tous les autres chefs-lieux, la colonne départementale, pompeusement décrétée, ne sortit jamais de terre. Cependant la place Vendôme, libérée de son nom révolutionnaire de place *des Piques*, pourvue par le percement de la rue de Castiglione (1801) d'une voie d'accès digne de ses vastes proportions, semblait appeler un monument central, apte à consoler les vieux habitants du quartier de la disparition du gigantesque Louis XIV, qui, comme l'a rappelé l'un d'entre eux, « pouvait seul apercevoir les cimes des marronniers des Tuileries ».

Avant même de ceindre pour son compte la couronne impériale, Bona-

ENLÈVEMENT DE L'ÉCHAFAUDAGE. (Gravure de Duplessis-Bertaux.)

parte était hanté de la figure légendaire de celui qu'il devait appeler par la suite « notre prédécesseur Charlemagne ». A la fin d'avril 1803, il enjoignit au ministre de l'intérieur d'étudier l'érection d'une statue de Charlemagne, soit place de la Concorde, soit place Vendôme. Cinq mois plus tard, un arrêté consulaire ordonnait la construction « au centre de la place Vendôme » d'une colonne de vingt mètres de haut, « à l'instar de celle érigée à Rome en l'honneur de Trajan ». Le fût devait être orné en spirale de cent huit figures allégoriques de bronze, « représentant les départements de la République ». Au sommet, un piédestal décoré de feuilles d'olivier supporterait « la statue pédestre de Charlemagne ».

LA COLONNE SOUS LE PREMIER EMPIRE.

Malgré des prescriptions si précises, la colonne de 1803, comme celle de 1800, demeura à l'état de projet. Cependant Napoléon, proclamé empereur, écrasait à Ulm et à Austerlitz la coalition continentale reformée contre la France, et le vocable nouveau de *Grande-Armée* entrait triomphalement dans l'histoire. Le 1er janvier 1806, le Sénat, recevant en grande pompe une partie des drapeaux conquis, décrétait, sans spécifier l'emplacement, qu'un monument serait élevé en l'honneur du vainqueur.

L'idée prit insensiblement corps, d'amalgamer les différents projets qui s'étaient succédé : au centre de la place Vendôme, dont la perspective allait être complétée par le percement vers les boulevards de la rue *Napo-*

léon (notre rue de la Paix), on construirait une colonne monumentale ; cette colonne, comme la colonne Trajane de Rome, serait ornée de bas-reliefs en spirale ; elle perpé-tuerait les hauts faits de la Grande-Armée et de son chef. Sans doute, Napoléon deman-dait encore à son ministre de l'intérieur, le 17 février 1806 :

La manifestation du 31 mars 1814.

« Faites-moi connaître où en est la colonne que j'avais décrétée d'élever à Charlemagne sur la place Vendôme ». En réponse, Champagny proposait de substituer aux figures allégoriques des départements la représentation des principaux épisodes de la récente campagne, et à la statue de Charlemagne celle « du prince que la France chérit ». Dès le surlendemain, l'empereur, sans plus parler de Charlemagne, donnait ordre au ministre de la guerre de mettre à la disposition de son collègue « la quantité de canons (conquis)

Collection G. Hartmann

Descente de la statue de Napoléon (1814).

nécessaire pour les revêtements de cette colonne, qui prendrait le nom de
Colonne d'Austerlitz ».

« Sa Majesté, » indiquait le secrétaire d'Etat Maret, « désire que ce
monument soit entièrement achevé en deux ans. » Deux ans, c'était une de
ces formules impératives qu'affectionnait Napoléon, et que son entourage
avait accoutumé de ne pas toujours prendre au pied de la lettre. En fait,
on se mit à l'œuvre le 25 août 1806,
et l'inauguration n'eut lieu qu'en 1810,
coïncidant avec la fête du 15 août.

LA COLONNE SOUS LA RESTAURATION.

Vivant-Denon, le directeur du Musée Napoléon, qui exerçait une sorte
de surintendance des beaux-arts, fut
spécialement préposé aux travaux de
la colonne : les contemporains lui
attribuèrent, parfois pour la lui repro-
cher, l'idée de prendre pour piédestal,
au lieu d'un bloc de granit, une masse
de bronze où des bas-reliefs figure-
raient un entassement de trophées.
Sous les ordres de Denon, la partie
architecturale fut confiée à Lepère,
l'architecte de la Malmaison, et au
vieux Gondoin, qui avait édifié l'Ecole
de médecine. Au centre de la maçonnerie, ils placèrent un escalier de 180
degrés ; au sommet, une balustrade entourant le soubassement de la statue.

Quant aux bas-reliefs de bronze qui en 22 révolutions devaient s'en-
rouler tout autour de la colonne, sur un développement de plus de
260 mètres, ils furent consacrés à décrire, en une centaine de scènes suc-
cessives, les épisodes saillants de la campagne, depuis la levée du Camp de
Boulogne jusqu'à la paix de Presbourg. Un même artiste, Bergeret, les
dessina tous, et ne leur donna que trop d'unité, car malgré quelques inten-
tions de réalisme, par exemple dans les colliers des chevaux de trait,
malgré la volonté de reproduire exactement la physionomie des principaux
personnages, ces scènes qui avaient été en fait si variées, si animées, si
dramatiques, se figèrent en un académisme glacial. Tel général, menant
ses troupes à l'assaut, garde un visage aussi flegmatique que Talleyrand

traversant le Danube en barque pour aller signer le traité de Presbourg.

Les trente-deux sculpteurs chargés de l'exécution des bas-reliefs s'appliquèrent avec tant de scrupule à reproduire les dessins de Bergeret, que les profanes ont peine à distinguer dans l'ensemble l'œuvre de chacun. Il y avait pourtant parmi eux au moins un artiste célèbre, Clodion, qui pour sa part réalisa quinze sujets, et quelques noms qui ont gardé une

Musée Carnavalet.

La Colonne sous Louis-Philippe. — Les deux statues.

certaine notoriété, comme Deseine et Bosio; mais tous copièrent docilement les arbres au feuillage d'olivier (dans la vallée du Danube!), les bateaux en forme de nefs antiques, les chevaux à la crinière sagement hérissée, les torses cambrés à la manière de David, bref ce poncif académique en dehors duquel on ne concevait point alors le grand art, ni surtout l'art officiel.

Sous un climat aussi variable que celui de Paris, on pouvait redouter l'influence des variations atmosphériques sur une pareille masse de métal. Par un prodige d'ingéniosité et de précision, la spirale de bronze fut divisée en 274 plaques, isolées les unes des autres et respectivement fixées sur la maçonnerie, mais assez rapprochées pour donner l'illusion de la continuité.

La statue qui couronnait cet ensemble était l'œuvre et le chef-d'œuvre de Chaudet. Elle figurait Napoléon non point en costume moderne, non point davantage en demi-dieu antique (tâche où allait échouer le ciseau de

Canova), mais en empereur ou en triomphateur romain, ceint du diadème de laurier, drapé dans un manteau, tenant un glaive dans la main droite, et dans la main gauche un globe surmonté d'une petite statuette de la Victoire.

Inaugurée le 15 août 1810, en pleine apogée du règne, la *Colonne de la Grande-Armée* (c'est le nom qui prévalut, et les deux inscriptions, latine et française, spécifiaient bien que l'empereur avait entendu la dédier à ses com-

RENVERSEMENT DE LA COLONNE (1871).

pagnons d'armes), la colonne frappa d'emblée l'imagination des contemporains, à commencer par les enfants dont Victor Hugo se faisait plus tard l'écho. C'était, en 1814, à peu près le seul terminé d'entre les monuments destinés à commémorer les triomphes militaires de Napoléon.

Voilà pourquoi, le 31 mars, pendant que le cortège des alliés défilait sur les boulevards, un misérable, le trop fameux Maubreuil, et un fanatique, Sosthènes de la Rochefoucauld, conçurent tous deux, sans concert préalable, le beau projet d'attacher des cordes à la statue et de la précipiter à terre, au risque de causer quelque accident et même d'ébranler la colonne. Solidement scellé, le Napoléon de bronze résista aux efforts mal ordonnés des quelques personnes qui s'étaient attelées aux cordes : mais comme le renouvellement de la scène était à prévoir, l'autorité administrative se décida à requérir des ouvriers, qui effectuèrent la descente de la statue. Remisée chez un fondeur, elle fut brisée un peu plus tard, et le métal servit à couler la statue équestre de Henri IV, réédifiée sur le Pont-Neuf.

La colonne même fut respectée, et la Restauration se contenta de la surmonter d'un drapeau blanc. Il va sans dire qu'après les journées de Juillet ce drapeau devint tricolore. Dès 1831, on résolut de rétablir l'effigie impériale, et on ouvrit un concours : la maquette primée, modelée par Charles-Marie-Émile Seurre, représentait non plus le César couronné, mais le héros

LA COLONNE VENDOME, ÉTAT ACTUEL.

Photo Neurdein.

de la légende napoléonienne, coiffé du petit chapeau, revêtu de l'ample redingote. On l'installa le 28 juillet 1833, lors des fêtes commémoratives de la récente révolution, à laquelle les anciens éléments bonapartistes avaient largement coopéré.

Malgré l'achèvement de l'Arc de l'Étoile, malgré même le « Retour des Cendres » et l'aménagement du mausolée des Invalides, la colonne de la place Vendôme demeura le symbole par excellence des gloires napoléoniennes. C'est ce qu'exprimait le naïf et légendaire distique :

> Ah ! qu'on est fier d'être Français
> Quand on regarde la Colonne !

C'est aussi ce que manifestaient d'instinct les médaillés de Sainte-Hélène

IMAGE POPULAIRE. (Composition d'Aubry.)

(dont le ruban reparaît aujourd'hui sur la poitrine de nos décorés de la *Croix de guerre*) : leur groupe fidèle, rétréci d'année en année, se donnait rendez-vous au pied de la colonne pour célébrer l'anniversaire de la mort du grand homme. C'est devant la colonne également que défilèrent les vainqueurs de Crimée et d'Italie.

Le 4 novembre 1863, pour reconstituer le monument tel que l'avaient conçu ses auteurs, on relégua la statue de Seurre dans la cour de l'hôtel des Invalides, où elle est demeurée depuis lors[1]. Au faîte de la colonne, on lui substitua un Napoléon lauré et drapé, imité de celui de Chaudet : l'auteur en était Dumont, un spécialiste, s'il est permis de s'exprimer ainsi, puisque c'est lui qui avait sculpté le Génie de la place de la Bastille et le Philippe-Auguste de la barrière du Trône, tous deux pareillement juchés au sommet d'une colonne. La petite statue originale de la Victoire, échappée au désastre de 1814, reprit sa place dans la main de l'empereur.

Le 12 avril 1871, la Commune insurrectionnelle de Paris condamna à disparaître ce qu'elle appelait « un monument de barbarie, un symbole de force brute et de fausse gloire, une affirmation du militarisme, une négation du droit international, une insulte permanente des vainqueurs aux vaincus, un attentat perpétuel à l'un des trois grands principes de la République française, la fraternité ». Ce décret serait demeuré sans doute une pure manifestation verbale, grotesque en soi, odieusement déplacée au

[1] Pendant l'insurrection communaliste de 1871, cette statue fut ignominieusement jetée à la Seine ; quand on la retira du lit du fleuve, on trouva la tête si endommagée qu'elle dut être refaite.

lendemain de nos désastres, s'il ne s'était rencontré un artiste égaré dans la plus niaise et la plus violente politique, Gustave Courbet, pour en requérir l'application. Par un raffinement d'outrage, la date primitivement choisie fut le 5 mai, c'est-à-dire l'anniversaire de la mort de Napoléon : faute de temps, c'est le 16 mai 1871 seulement que la colonne, préalablement sciée au-dessus du soubassement, s'écroula sur un lit de fumier.

L'entrée de l'armée de Versailles suivit de si près cet acte de vandalisme, que les débris du revêtement de bronze furent retrouvés à peu près au complet. Dès le 22 mai 1871, l'Assemblée Nationale avait décidé que la colonne serait relevée : menés sans précipitation, les travaux de réédification ne furent achevés que le 28 décembre 1875. La statue de Dumont, à peine endommagée dans la chute, put être aisément réparée ; mais la petite Victoire ailée, dont les dimensions rendaient un larcin plus facile, avait définitivement disparu : la statuette qui devait la remplacer et la rappeler fut commandée au jeune sculpteur Antonin Mercié.

Depuis quarante ans, le temps a fait son œuvre d'apaisement : si les passions politiques n'ont guère perdu de leur âpreté, elles n'osent plus s'attaquer à un monument désormais incontesté de notre histoire nationale. Ce que glorifie la Colonne de la Grande-Armée, ce n'est point tel régime constitutionnel ou dynastique, mais un des chants les plus sublimes de l'épopée française. MONUMENTUM BELLI GERMANICI, est-il inscrit dans le cartouche que soutiennent deux figures de Victoires : quand reviendront les vainqueurs de la moderne guerre germanique, ils pourront, en défilant au pied de la colonne, se rendre ce témoignage que le sang des héros de la Grande-Armée n'a point dégénéré, et que le patriotisme français n'a pas cessé de susciter des prodiges.

REPRODUCTION INTÉGRALE DES BAS-RELIEFS

D'après le recueil des estampes de P.-L. BALTARD.

I.

Rentrée de l'armée navale à Boulogne (25 août 1805).

(Suite.)

De Boulogne au Rhin (31 août-3 septembre).

D'Utrecht au Mein (2 septembre).

De Brest au Haut-Rhin (2 septembre).

De Hanovre au Mein (17 septembre).

L'empereur au Sénat (23 septembre).

Passage du Rhin à Mayence (25 septembre).

à Mannheim (26 septembre).

à Spire (26 septembre).

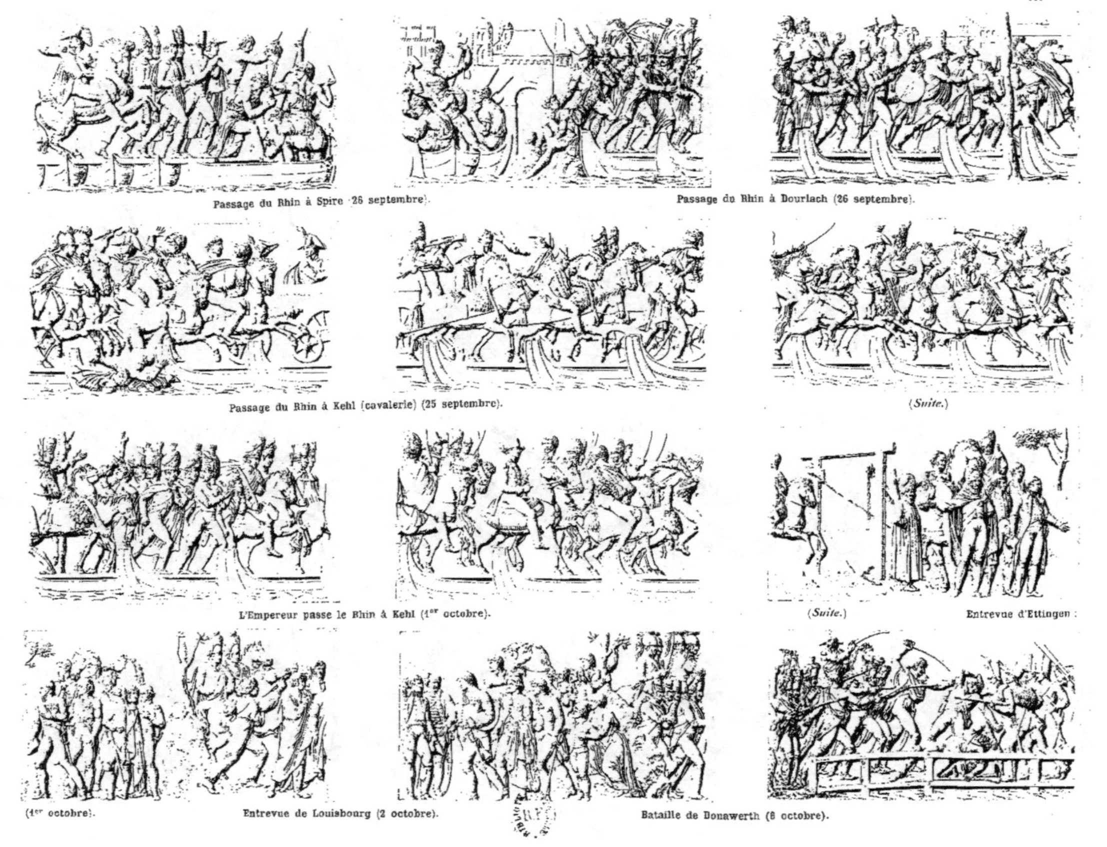

Passage du Rhin à Spire (26 septembre).

Passage du Rhin à Dourlach (26 septembre).

Passage du Rhin à Kehl (cavalerie) (25 septembre).

(Suite.)

L'Empereur passe le Rhin à Kehl (1er octobre).

(Suite.)

Entrevue d'Ettingen :

(1er octobre).

Entrevue de Louisbourg (2 octobre).

Bataille de Donawerth (6 octobre).

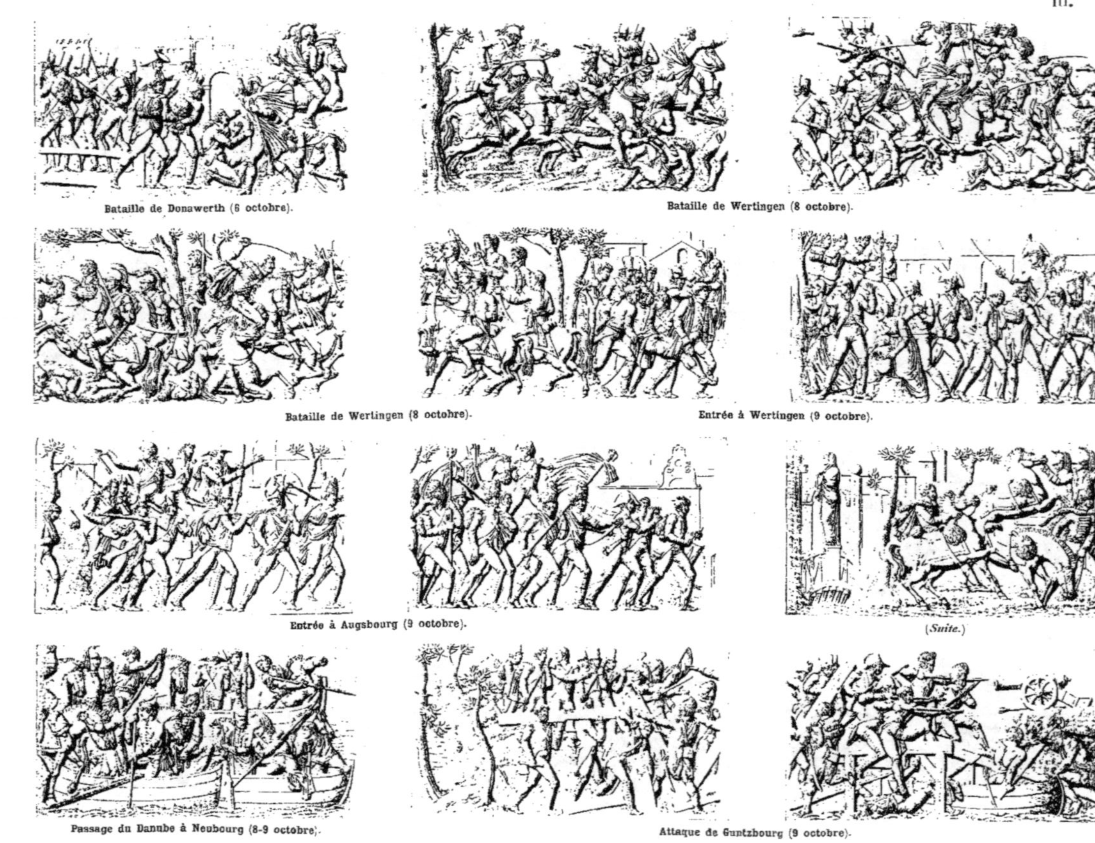

Bataille de Donawerth (6 octobre).

Bataille de Wertingen (8 octobre).

Bataille de Wertingen (8 octobre).

Entrée à Wertingen (9 octobre).

Entrée à Augsbourg (9 octobre).

(Suite.)

Passage du Danube à Neubourg (8-9 octobre).

Attaque de Guntzbourg (9 octobre).

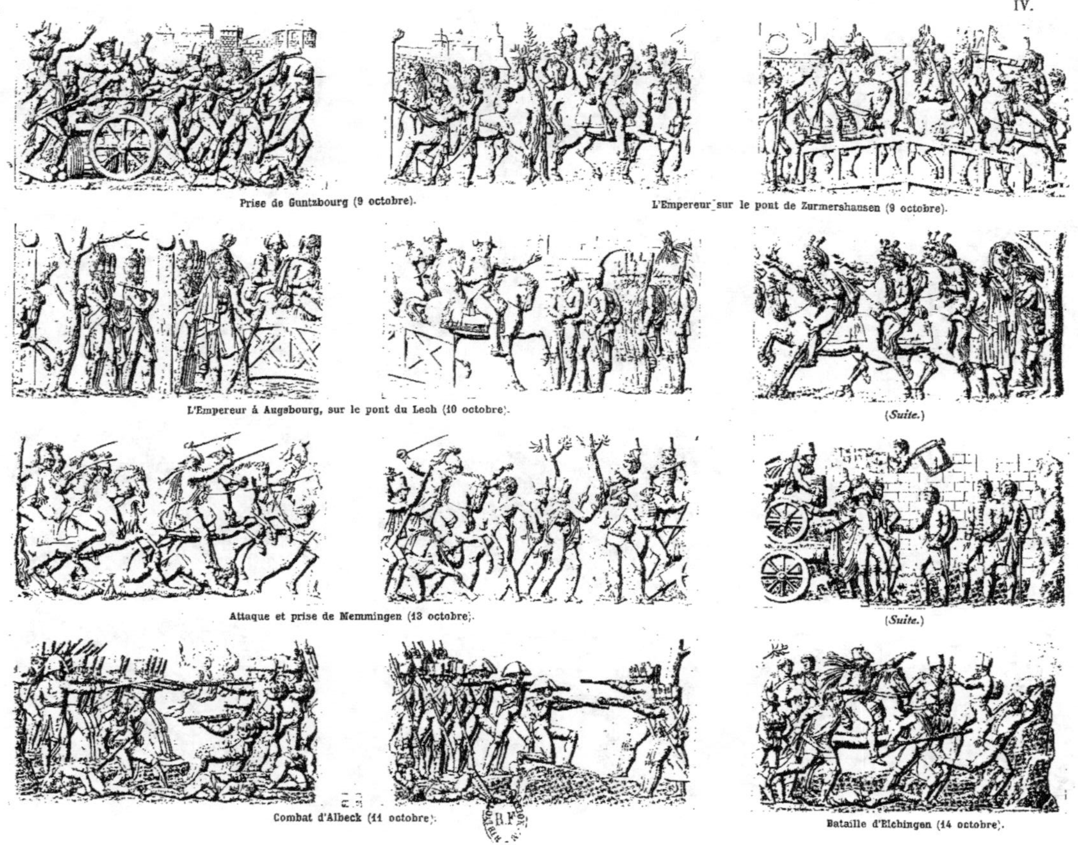

Prise de Guntzbourg (9 octobre).

L'Empereur sur le pont de Zurmershansen (9 octobre).

L'Empereur à Augsbourg, sur le pont du Lech (10 octobre).

(Suite.)

Attaque et prise de Memmingen (13 octobre).

(Suite.)

Combat d'Albeck (11 octobre).

Bataille d'Elchingen (14 octobre).

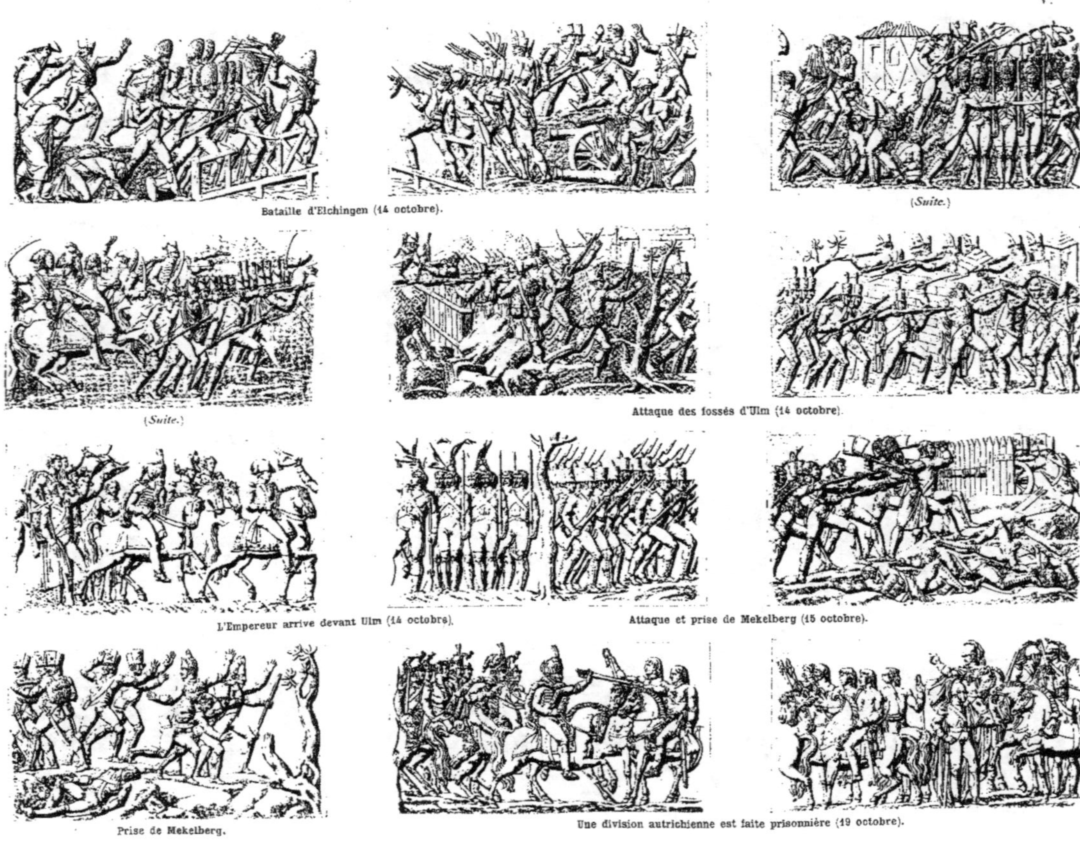

V.

Bataille d'Elchingen (14 octobre). — (Suite.)

(Suite.) — Attaque des fossés d'Ulm (14 octobre).

L'Empereur arrive devant Ulm (14 octobre). — Attaque et prise de Mekelberg (15 octobre).

Prise de Mekelberg. — Une division autrichienne est faite prisonnière (19 octobre).

VI.

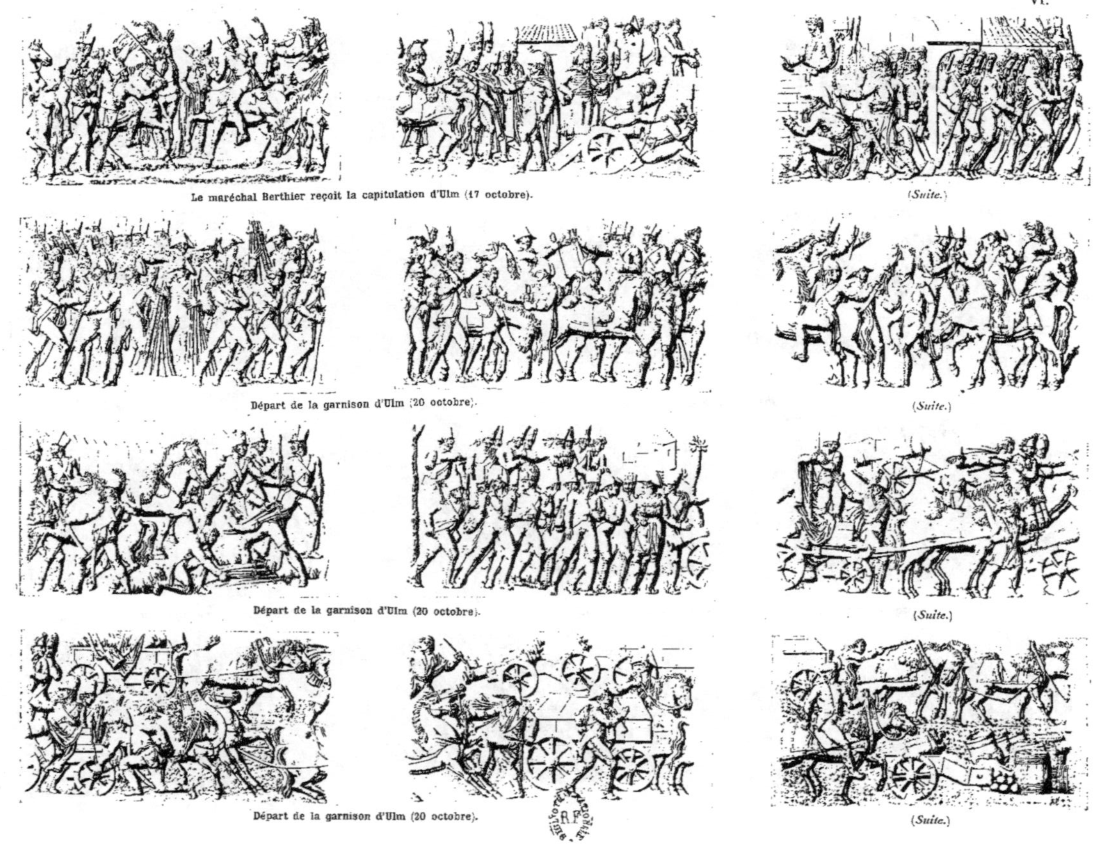

Le maréchal Berthier reçoit la capitulation d'Ulm (17 octobre).

(Suite.)

Départ de la garnison d'Ulm (20 octobre).

(Suite.)

Départ de la garnison d'Ulm (20 octobre).

(Suite.)

Départ de la garnison d'Ulm (20 octobre).

(Suite.)

Départ de la garnison d'Ulm (20 octobre).

Le feld-maréchal Mack et 15 généraux remettent leur épée (20 octobre).

La Victoire enregistre la capitulation d'Ulm.

Entrée de l'Empereur à Munich (24 octobre).

(Suite.)

(Suite.)

(Suite.)

Passage de l'Inn à Wasserburg et à Muhldorf (27-28 octobre).

Entrée à Braunau (29 octobre).

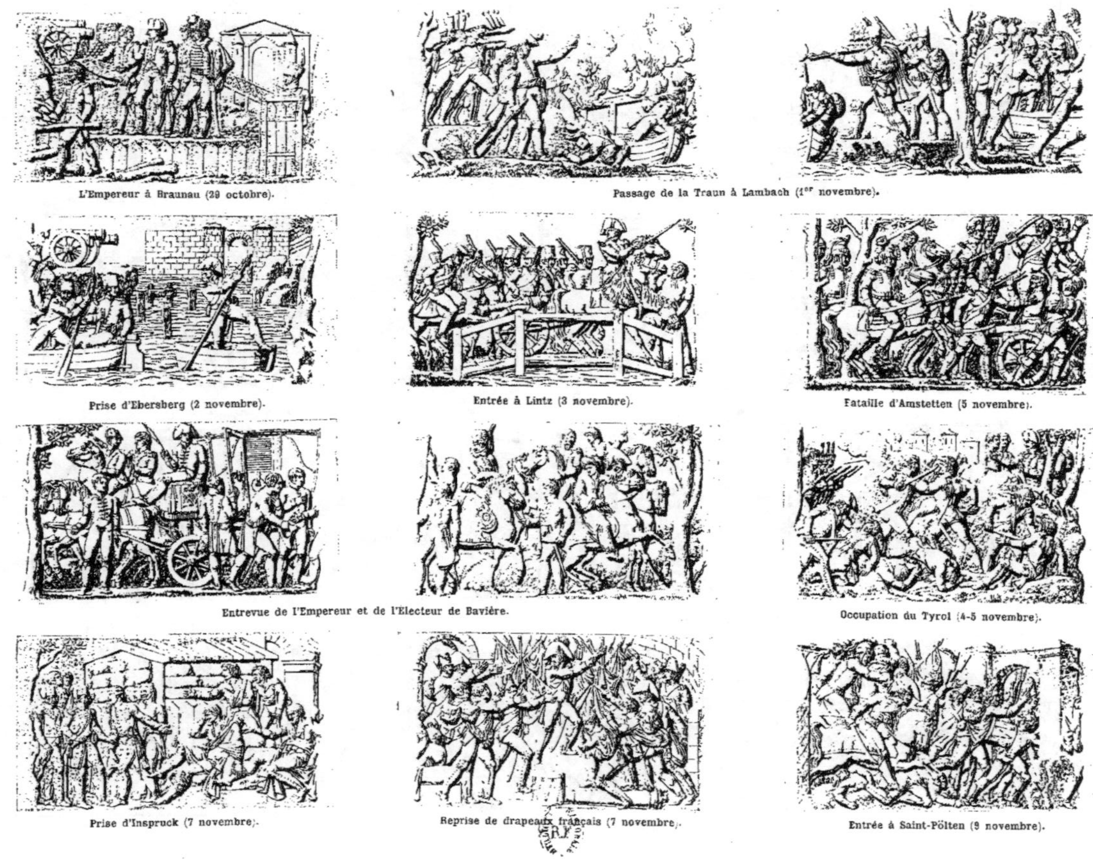

L'Empereur à Braunau (29 octobre).

Passage de la Traun à Lambach (1er novembre).

Prise d'Ebersberg (2 novembre).

Entrée à Lintz (3 novembre).

Fataille d'Amstetten (5 novembre).

Entrevue de l'Empereur et de l'Electeur de Bavière.

Occupation du Tyrol (4-5 novembre).

Prise d'Inspruck (7 novembre).

Reprise de drapeaux français (7 novembre).

Entrée à Saint-Pölten (9 novembre).

L'Empereur à Mölk (10 novembre).

Combat de Krems (11 novembre).

Entrée de Murat à Vienne (13 novembre).

Surprise du pont de Vienne (13 novembre).

L'Empereur à Schönbrunn (13 novembre).

L'Empereur reçoit les clefs de Vienne (14 novembre).

Drapeaux remis

aux maires de Paris.

Combat de Hollabrünn (15-16 novembre).

Réception des députés de la Moravie (20 novembre).

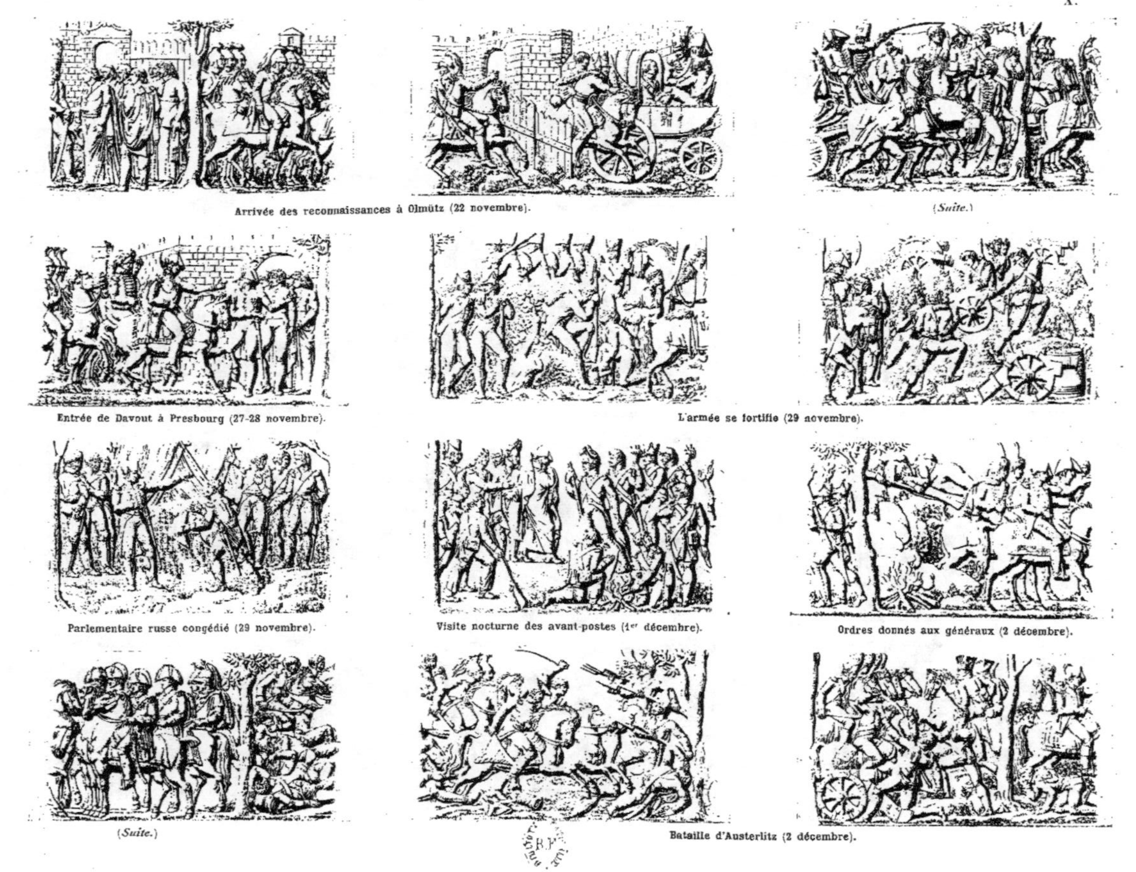

Arrivée des reconnaissances à Olmütz (22 novembre).

(Suite.)

Entrée de Davout à Presbourg (27-28 novembre).

L'armée se fortifie (29 novembre).

Parlementaire russe congédié (29 novembre).

Visite nocturne des avant-postes (1er décembre).

Ordres donnés aux généraux (2 décembre).

(Suite.)

Bataille d'Austerlitz (2 décembre).

Prisonniers russes (2 décembre).

Fuyards engloutis sous les glaces (2 décembre).

Conférence des deux empereurs (4 décembre).

Trophées de l'arsenal de Vienne acheminés en France.

Talleyrand traverse le Danube.

Paix de Presbourg (26 décembre).

Venise rendue à l'Italie.

Ratification du traité ; deux électeurs faits rois.

Rentrée de la Garde impériale.

Arrivée de l'Empereur à Paris (27 janvier 1806).

Trophées de la campagne.